手書きでなぞる

『歎《たん》異《に》抄《しょう》』

高森顕徹

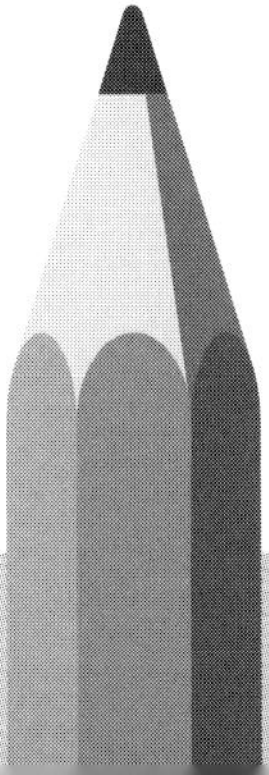

『歎異抄』とは

高森顕徹

善人《ぜんにん》なおもって往生《おうじょう》*を遂《と》ぐ、
いわんや悪人《あくにん》をや。
（善人でさえ、浄土《じょうど》へ生まれることができるのだから、
ましてや悪人は、なおさら往生《おうじょう》できる）

これは『歎異抄《たんにしょう》』三章の一節である。日本の古典で、もっとも知られる一文だろう。

『歎異抄《たんにしょう》』は七百年ほど前、親鸞聖人《しんらんしょうにん》の高弟・唯円《ゆいえん》によって書かれたものといわれている。聖人《しょうにん》亡き後、親鸞聖人《しんらんしょうにん》の仰《おお》せと異なることを言いふらす者の出現を嘆《なげ》き、その誤りを正そうとしたものである。

鴨長明《かものちょうめい》の『方丈記《ほうじょうき》』、『歎異抄《たんにしょう》』、吉田兼好《よしだけんこう》の『徒然草《つれづれぐさ》』の順で、ほぼ六十年間隔《かんかく》で成立している。

これらは三大古文として有名だが、なかでも『歎異抄《たんにしょう》』の文体に引《ひ》き込《こ》まれるような魅力《みりょく》があり、全文を暗唱する愛読者のあるのもうなずける。

今日《こんにち》、『歎異抄《たんにしょう》』ほど、読者の多い古典は異数*ではなかろうか。その解説書は数知れず、今も新たなものが加え続けられている。

ところが、この書が世に知られるようになってから百年もたってはいないのだ。

それは五百年前、浄土真宗《じょうどしんしゅう》の中興*、蓮如上人《れんにょしょうにん》*が、親鸞聖人《しんらんしょうにん》を誤解させるおそれがあると、「仏縁《ぶつえん》*の浅い人には披見《ひけん》させてはならぬ」と封印《ふういん》されたからであろう。

以来、親鸞学徒《しんらんがくと》*でさえ警戒《けいかい》し、ほとんど知る者はなかったが、明治の末からある機縁《きえん》で急速に読み始められ、仏教学者はいうにおよばず、多くの作家や思想家が、こぞって『歎異《たんに》抄《しょう》』を論じ始めた。

かくて広く一般《いっぱん》にも愛読されるようになり、親鸞聖人《しんらんしょうにん》といえば『歎異抄《たんにしょう》』、『歎異抄《たんにしょう》』といえば親鸞聖人《しんらんしょうにん》といわれ、今では親鸞思想《しんらんしそう》の格好の入門書とされている。

＊往生　浄土へ往くこと。
＊異数　異例、珍しいこと。
＊中興　再び盛んにした人。
＊蓮如上人　親鸞聖人の8代目の子孫。聖人の教えを全国に伝え、有名な『御文章』（『御文』ともいう）を書かれた方。
＊仏縁　阿弥陀仏とのかかわり。
＊親鸞学徒　親鸞聖人の教えを学び、信じ、伝える人。

本書の楽しみ方

『歎異抄《たんにしょう》』の序、そして第一章から第十章までを掲載《けいさい》しました。本書には、四つの楽しみ方があります。

1 音読

原文を音読してみましょう。美しい日本語のリズムを味わってください。暗唱することをお勧《すす》めします。

第一章から第十章までは、親鸞聖人《しんらんしょうにん》のお言葉を、唯円《ゆいえん》が書き記したものです。親鸞聖人《しんらんしょうにん》のお声を、直《じか》にお聞きしている気持ちで音読してみましょう。

2 意訳

分かりやすい意訳を掲載《けいさい》しました。ある時は厳しく、ある時は優《やさ》しく導かれる親鸞聖人《しんらんしょうにん》のお姿が浮《う》かんできます。繰《く》り返《かえ》し読むことによって、親鸞聖人《しんらんしょうにん》が、何を教えられたのか、次第《しだい》に伝わってくると思います。

3 なぞり書き

薄《うす》い文字で記した原文を、鉛筆《えんぴつ》かボールペンで、一文字、一文字、ゆっくりとなぞっていきましょう。親鸞聖人《しんらんしょうにん》のお言葉に触《ふ》れると、なぜか、心が落ち着いていきます。

世界の知識人が魅了《みりょう》された『歎異抄《たんにしょう》』の不思議な世界が、心の中に広がっていくでしょう。

4 名筆

『歎異抄《たんにしょう》』の名文を、木村泰山《きむらたいざん》師の名筆で鑑賞《かんしょう》しましょう。

序から第十章までを、巻末に掲載《けいさい》しました。

本書の原文、意訳は、ベストセラー『歎異抄《たんにしょう》をひらく』（高森顕徹著）から転載《てんさい》しました。

『歎異抄《たんにしょう》をひらく』には、意訳だけではなく、詳《くわ》しい解説も掲載《けいさい》されています。有名な古典『歎異抄《たんにしょう》』の真意を知りたいと思われる方に、お勧《すす》めの書籍《しょせき》です。

『歎異抄』原文は、室町時代の写本である「永正本」をもとにしました。これまでの研究を参考に、漢字や句読点、仮名遣いなどは、読みやすいように改めてあります。

目次

序

ひそかに愚案《ぐあん》を廻《めぐ》らして、ほぼ古今《ここん》を勘《かんが》うるに、先師《せんし》の口伝《くでん》の真信《しんしん》に異《こと》なることを歎《なげ》き、後学《こうがく》相続《そうぞく》の疑惑《ぎわく》あることを思《おも》うに、幸《さいわ》いに有縁《うえん》の知識《ちしき》によらずば、いかでか易行《いぎょう》の一門《いちもん》に入《い》ることを得《え》んや。まったく自見《じけん》の覚悟《かくご》をもって、他力《たりき》の宗旨《しゅうし》を乱《みだ》ることなかれ。

よって故親鸞聖人《こしんらんしょうにん》の御物語《おんものがたり》の趣《おもむき》、耳《みみ》の底《そこ》に留《とど》むる所《ところ》、いささかこれを註《しる》す。ひとえに同心行者《どうしんぎょうじゃ》の不審《ふしん》を散《さん》ぜんがためなり。

意訳

ひそかに愚《おろ》かな思いを廻《めぐ》らし、親鸞聖人《しんらんしょうにん》ご在世と、今日《こんにち》をみるに、直《じか》に聖人《しょうにん》のご教授なされた真実信心と、異なることが説かれているのは、嘆《なげ》かわしい限りである。

これでは、正しく聖人《しょうにん》の教えを学び、お伝えするのに、惑《まど》いや疑いが生《しょう》じはしないかと案じられる。

かかるとき、幸いに善き師に遇《あ》わずば、どうして他力易行《たりきいぎょう》の信心*を獲《え》ることができようか。

決して勝手な判断によって、他力《たりき》の真義を乱すことがあってはならない。

このような願いから、かつて聖人《しょうにん》の仰《おお》せになった、耳の底に残る忘れ得ぬお言葉を、わずかながらも記しておきたい。

これひとえに志を同じくする、親鸞学徒《しんらんがくと》*の不審《ふしん》を晴らしたいからに外《ほか》ならない。

＊他力易行の信心　他力（阿弥陀仏のお力）による救い。
＊親鸞学徒　親鸞聖人の教えを学び、信じ、伝える人。

ひそかに愚案を廻らして、ほぼ古今を勘うるに、先師の口伝の真信に異なることを歎き、後学相続の疑惑あることを思うに、幸いに有縁の知識によらずば、いかでか易行の一門に入ることを得んや。まったく自見の覚悟をもって、他力の宗旨を乱ることなかれ。

よって故親鸞聖人の御物語の趣、耳の底に留むる所、いささかこれを註す。ひとえに同心行者の不審を散ぜんがためなり。

第一章
仏法の肝要、を言われた親鸞聖人のお言葉

「弥陀《みだ》の誓願《せいがん》不思議《ふしぎ》に助《たす》けられまいらせて往生《おうじょう》をば遂《と》ぐるなりと信《しん》じて「念仏申《ねんぶつもう》さん」と思《おも》いたつ心《こころ》のおこるとき、すなわち摂取《せっしゅ》不捨《ふしゃ》の利益《りやく》にあずけしめたまうなり。

弥陀《みだ》の本願《ほんがん》には老少善悪《ろうしょうぜんあく》の人《ひと》をえらばず、ただ信心《しんじん》を要《よう》とすと知《し》るべし。

そのゆえは、罪悪深重《ざいあくじんじゅう》・煩悩熾盛《ぼんのうしじょう》の衆生《しゅじょう》を助《たす》けんがための願《がん》にてまします。

しかれば本願《ほんがん》を信《しん》ぜんには、他《た》の善《ぜん》も要《よう》にあらず、念仏《ねんぶつ》にまさるべき善《ぜん》なきがゆえに、悪《あく》をもおそるべからず、弥陀《みだ》の本願《ほんがん》をさまたぐるほどの悪《あく》なきがゆえに、と云々《うんぬん》。

意訳

〝すべての衆生《しゅじょう》を救う〟という、阿弥陀如来《あみだにょらい》*の不思議な誓願《せいがん》に助けられ、疑いなく弥陀《みだ》の浄土《じょうど》へ往《ゆ》く身となり、念仏《ねんぶつ》称《とな》えようと思いたつ心のおこるとき、摂《おさ》め取《と》って捨てられぬ絶対の幸福に生かされるのである。

弥陀《みだ》の救いには、老いも若きも善人も悪人も、一切差別はない。ただ「仏願《ぶつがん》*に疑心あることなし」の信心を肝要《かんよう》*と知らねばならぬ。

なぜ悪人でも、本願《ほんがん》を信ずるひとつで救われるのかといえば、煩悩《ぼんのう》*の激しい最も罪の重い極悪人を助けるために建てられたのが、阿弥陀仏《あみだぶつ》の本願《ほんがん》の真骨頂*だからである。ゆえに弥陀《みだ》の本願《ほんがん》に救《すく》い摂《と》られたならば、一切の善は無用となる。弥陀《みだ》より賜《たまわ》った念仏《ねんぶつ》以上の善はないからだ。また、どんな悪を犯しても、不安や恐《おそ》れは皆無《かいむ》となる。弥陀《みだ》の本願《ほんがん》で助からぬ悪はないからである、と聖人《しょうにん》は仰《おお》せになりました。

＊阿弥陀如来　「阿弥陀仏」とも「弥陀」ともいわれる。

＊仏願　阿弥陀仏の誓願（約束）。本願ともいわれる。

＊肝要　唯一大事なこと。

＊煩悩　欲や怒り、ねたみそねみなど、私たちを煩わせ悩ませるもの。

＊真骨頂　真価。本来の姿。

「弥陀の誓願不思議に助けられまいらせて往生をば遂ぐるなり」と信じて「念仏申さん」と思いたつ心のおこるとき、すなわち摂取不捨の利益にあずけしめたまうなり。

弥陀の本願には老少善悪の人をえらばず、ただ信心を要とすと知るべし。

そのゆえは、罪悪深重・煩悩熾盛の衆生を助けんがための願にてまします。

しかれば本願を信ぜんには、他の善も要にあらず、念仏にまさるべき善なきがゆえに、悪をもおそるべからず、弥陀の本願をさまたぐるほどの悪なきがゆえに、と云々。

第二章
親鸞聖人の鮮明不動の信念

おのおの十余ケ国《じゅうよかこく》の境《さかい》を越《こ》えて、身命《しんみょう》を顧《かえり》みずして訪《たず》ね来《きた》らしめたまう御志《おんこころざし》、ひとえに往生極楽《おうじょうごくらく》の道《みち》を問《と》い聞《き》かんがためなり。しかるに、念仏《ねんぶつ》よりほかに往生《おうじょう》の道《みち》をも存知《ぞんじ》し、また法文《ほうもん》等《とう》をも知《し》りたるらんと、心《こころ》にくく思《おぼ》し召《め》しておわしましてはんべらば、大《おお》きなる誤《あやま》りなり。もししからば、南都《なんと》北嶺《ほくれい》にもゆゆしき学匠《がくしょう》たち多《おお》く座《おわ》せられて候《そうろう》なれば、かの人々《ひとびと》にもあいたてまつりて、往生《おうじょう》の要《よう》よくよく聞《き》かるべきなり。

親鸞《しんらん》におきては、「ただ念仏《ねんぶつ》して弥陀《みだ》に助《たす》けられまいらすべし」と、よき人《ひと》の仰《おお》せを被《かぶ》りて信《しん》ずるほかに、別《べつ》の子細《しさい》なきなり。

念仏《ねんぶつ》は、まことに浄土《じょうど》に生《う》まるるたねにてやはんべるらん、また地獄《じごく》に堕《お》つる業《ごう》にてやはんべるらん、総《そう》じてもって存知《ぞんじ》せざるなり。たとい法然聖人《ほうねんしょうにん》にすかされまいらせて、念仏《ねんぶつ》して地獄《じごく》に堕《お》ちたりとも、さらに後悔《こうかい》すべからず候《そうろう》。

そのゆえは、自余《じよ》の行《ぎょう》を励《はげ》みて仏《ぶつ》になるべかりける身《み》が、念仏《ねんぶつ》を申《もう》して地獄《じごく》にも堕《お》ちて候《そうら》わばこそ、「すかされたてまつりて」という後悔《こうかい》も候《そうら》わめ。いずれの行《ぎょう》も及《およ》び難《がた》き身《み》なれば、とても地獄《じごく》は一定《いちじょう》すみかぞかし。

弥陀《みだ》の本願《ほんがん》まことにおわしまさば、釈尊《しゃくそん》の説教《せっきょう》、虚言《きょごん》なるべからず。仏説《ぶっせつ》まことにおわしまさば、善導《ぜんどう》の御釈《おんしゃく》、虚言《きょごん》したまうべからず。善導《ぜんどう》の御釈《おんしゃく》まことならば、法然《ほうねん》の仰《おお》せ、そらごとならんや。法然《ほうねん》の仰《おお》せまことならば、親鸞《しんらん》が申《もう》す旨《むね》、またもってむなしかるべからず候《そうろう》か。

詮《せん》ずるところ、愚身《ぐしん》が信心《しんじん》におきてはかくのごとし。このうえは、念仏《ねんぶつ》をとりて信《しん》じたてまつらんとも、またすてんとも、面《めん》々《めん》の御計《おんはか》らいなり、と云々《うんぬん》。

意訳

あなた方が十余カ国の山河《さんが》を越《こ》え、はるばる関東から身命を顧《かえり》みず、この親鸞《しんらん》を訪ねられたお気持ちは、極楽《ごくらく》*に生まれる道ただ一つ、問《と》い糺《ただ》すがためであろう。だがもし親鸞《しんらん》が、弥陀《みだ》の本願念仏《ほんがんねんぶつ》のほかに、往生《おうじょう》の方法や秘密の法文《ほうもん》*などを知っていながら、隠《かく》し立《だ》てでもしているのではなかろうかとお疑いなら、とんでもない誤りである。

それほど信じられぬ親鸞《しんらん》なら、奈良や比叡《ひえい》*にでも行かれるがよい。あそこには立派な学者が多くいなさるから、それらの方々にお遇《あ》いになって、浄土《じょうど》に生まれる肝要《かんよう》を、篤《とく》とお聞きなさるがよかろう。

親鸞《しんらん》はただ、「本願《ほんがん》*を信じ念仏《ねんぶつ》して、弥陀《みだ》に救われなされ」と教える、法然上人《ほうねんしょうにん》*の仰《おお》せに順《したが》い信ずるほかに、何もないのだ。

念仏《ねんぶつ》は、地獄《じごく》に堕《お》つる業《ごう》*だと言いふらす者もあるようだが、念仏《ねんぶつ》は浄土《じょうど》に生まれる因《たね》*なのか、地獄《じごく》に堕《お》つる業《ごう》なのか、まったくもって親鸞《しんらん》、知るところではない。

たとえ法然上人《ほうねんしょうにん》に騙《だま》されて、念仏《ねんぶつ》して地獄《じごく》に堕《お》ちても、親鸞《しんらん》なんの後悔《こうかい》もないのだ。

なぜならば、念仏《ねんぶつ》以外の修行《しゅぎょう》を励《はげ》んで仏になれる私ならば、念仏《ねんぶつ》したから地獄《じごく》に堕《お》ちたという後悔《こうかい》もあろう。

だが、いずれの善行《ぜんぎょう》もできぬ親鸞《しんらん》は、地獄《じごく》のほかに行き場がないのである。

弥陀《みだ》の本願《ほんがん》がまことだから、唯《ただ》その本願《ほんがん》を説かれた、釈《しゃく》尊《そん》*の教えにウソがあるはずはない。

釈迦《しゃか》の説法がまことならば、そのまま説かれた、善導大《ぜんどうだい》師《し》*の御釈《おんしゃく》*に偽《いつわ》りがあるはずがなかろう。

善導《ぜんどう》の御釈《おんしゃく》がまことならば、そのまま教えられた、法然《ほうねん》上人《しょうにん》の仰《おお》せにウソ偽《いつわ》りがあろう筈《はず》がないではないか。

法然《ほうねん》の仰《おお》せがまことならば、そのまま伝える親鸞《しんらん》の言うことも、そらごととは言えぬのではなかろうか。

つまるところ、親鸞《しんらん》の信心は斯《か》くのごとしだ。

この上は、念仏《ねんぶつ》を信じられようとも、お捨てになろうとも、おのおの方の勝手になさるがよかろう、と聖人《しょうにん》は仰《おお》せになりました。

＊極楽　弥陀の住する浄土。苦のない安楽な世界。

＊法文　教え。

＊比叡　比叡山のこと。京都と滋賀の境にある山。天台宗の総本山がある。

＊本願　阿弥陀仏のお約束のこと。誓願ともいわれる。

＊法然上人　親鸞聖人の師。浄土宗の開祖。

＊業　行為。

＊因　原因。

＊釈尊　約二千六百年前、インドで仏教を説いた釈迦の尊称。

＊善導大師　中国の浄土仏教の大成者。

＊御釈　解釈されたもの。

おのおの十余ヶ国の境を越えて、身命を顧みずして訪ね来らしめたまう御志、ひとえに往生極楽の道を問い聞かんがためなり。しかるに、念仏よりほかに往生の道をも存知し、また法文等をも知りたるらんと、心にくく思し召しておわしましてはんべらば、大きなる誤りなり。

もしからば、南都北嶺にもゆゆしき学匠たち多く座せられて候なれば、かの人々にもあいたてまつりて、往生の要よくよく聞かるべきなり。

親鸞におきては、「ただ念仏して弥陀に助けられまいらすべし」と、よき人の仰せを被りて信ずるほかに、別の子細なきなり。

念仏は、まことに浄土に生まるるたねにてやはんべるらん、また地獄に堕つる業にてやはんべるらん、総じてもって存知せざるなり。たとい法然聖人にすかされまいらせて、念仏して地獄に堕ちたりとも、さらに後悔すべからず候。

そのゆえは、自余の行を励みて
仏になるべかりける身が、念仏
を申して地獄にも堕ちて候わば
こそ、「すかされたてまつりて」
という後悔も候わめ。いずれの
行も及び難き身なれば、とても
地獄は一定すみかぞかし。
弥陀の本願まことにおわしまさ
ば、釈尊の説教、虚言なるべか

らず。仏説まことにおわしまさば、善導の御釈、虚言したまうべからず。善導の御釈まことならば、法然の仰せ、そらごとならんや。法然の仰せまことならば、親鸞が申す旨、またもってむなしかるべからず候か。詮ずるところ、愚身が信心におきてはかくのごとし。このうえは、念仏をとりて信じたてまつらんとも、またすてんとも、面々の御計らいなり、と云々。

第三章

有名な悪人正機*を言われたもの

善《ぜん》人《にん》なおもって往《おう》生《じょう》を遂《と》ぐ、いわんや悪《あく》人《にん》をや。しかるを世《よ》の人《ひと》つねにいわく、「悪《あく》人《にん》なお往《おう》生《じょう》す、いかにいわんや善《ぜん》人《にん》をや」。この条《じょう》、一《いっ》旦《たん》そのいわれあるに似《に》たれども、本《ほん》願《がん》他《た》力《りき》の意《い》趣《しゅ》に背《そむ》けり。

そのゆえは、自力作善《じりきさぜん》の人《ひと》は、ひとえに他力《たりき》をたのむ心欠《こころか》けたる間《あいだ》、弥陀《みだ》の本願《ほんがん》にあらず。しかれども、自力《じりき》の心《こころ》をひるがえして、他力《たりき》をたのみたてまつれば、真実報土《しんじつほうど》の往生《おうじょう》を遂《と》ぐるなり。

煩悩具足《ぼんのうぐそく》の我《われ》らはいずれの行《ぎょう》にても生死《しょうじ》を離《はな》るることあるべか

らざるを憐《あわ》れみたまいて願《がん》をおこしたまう本意《ほんい》、悪人成仏《あくにんじょうぶつ》のためなれば、他力《たりき》をたのみたてまつる悪人《あくにん》、もっとも往生《おうじょう》の正因《しょういん》なり。

よって善人《ぜんにん》だにこそ往生《おうじょう》すれ、まして悪人《あくにん》は、と仰《おお》せ候《そうら》いき。

意訳

善人でさえ浄土《じょうど》へ生まれることができる、ましてや悪人は、なおさらだ。

それなのに世の人は、つねに言う。

悪人でさえ浄土《じょうど》へ往《ゆ》けるのだ、ましてや善人は、なおさら往《ゆ》ける。

このような考えは、一見もっともらしく思えるが、弥陀《みだ》*が本願《ほんがん》を建立された趣旨《しゅし》に反するのである。

なぜかと言えば、阿弥陀如来《あみだにょらい》は、すべての人は、「煩悩《ぼんのう》*の塊《かたまり》」であり、助かる縁《えん》なき極悪人と見ぬかれて、「我にまかせよ、必ず救う」と誓《ちか》われているからだ。

それなのに〝自分の励《はげ》む善で生死《しょうじ》の一大事《いちだいじ》*を解決できる〟と自惚《うぬぼ》れている善人は、極悪人と見極められて建てられた本願《ほんがん》を疑っているから、全幅《ぜんぷく》、弥陀《みだ》にまかせる心がない。ゆえに「弥陀《みだ》の本願《ほんがん》にあらず」。本願《ほんがん》の対象とはならないのである。

だがそんな人でも、弥陀《みだ》の徹見《てっけん》*通りの自己に驚《おどろ》き、生死《しょうじ》の一大事《いちだいじ》は弥陀《みだ》にうちまかせて、浄土《じょうど》へ往《ゆ》けるのである。

煩悩《ぼんのう》にまみれ、どのような行《ぎょう》*を励《はげ》むとも、到底《とうてい》、生死《しょうじ》の迷い*を離《はな》れられぬ我々を不憫《ふびん》に思われ建立されたのが、弥陀《みだ》の本願《ほんがん》。

悪人を成仏《じょうぶつ》させるのが弥陀《みだ》の本意だから、〝助かる縁《えん》なき者〟と、他力《たりき》*にうちまかせる悪人こそ、浄土《じょうど》へ生まれる正客*なのだ。

されば、善人でさえ浄土《じょうど》へ生まれるのだから、悪人はなおさらである、

と聖人《しょうにん》は仰《おお》せになりました。

＊悪人正機　悪人を救うのが、阿弥陀仏の本願、ということ。

＊弥陀　阿弥陀仏のこと。

＊煩悩　欲や怒り、ねたみそねみなど、私たちを煩わせ悩ませるもの。

＊生死の一大事　永久の苦患に沈むか、永遠の楽果を得るか、の一大事をいう。

＊徹見　真実を見抜く。

＊行　善い行い。善行。

＊生死の迷い　生まれ変わり死に変わり、苦しみ悩み経巡っていること。

＊他力　阿弥陀仏のお力。

＊正客　本当の目当ての人。

善人なおもって往生を遂ぐ、いわんや悪人をや。しかるを世の人つねにいわく、「悪人なお往生す、いかにいわんや善人をや」。この条、一旦そのいわれあるに似たれども、本願他力の意趣に背けり。

そのゆえは、自力作善の人は、ひとえに他力をたのむ心欠けたる間、弥陀の本願にあらず。しかれども、自力の心をひるがえして、他力をたのみたてまつれば、真実報土の往生を遂ぐるなり。

煩悩具足の我らはいずれの行にても生死を離るることあるべからざるを憐れみたまいて願をおこしたまう本意、悪人成仏のためなれば、他力をたのみたてまつる悪人、もっとも往生の正因なり。

よって善人だにこそ往生すれ、まして悪人は、と仰せ候いき。

第四章
二つの慈悲を説かれたもの

慈悲《じひ》に聖道《しょうどう》・浄土《じょうど》のかわりめあり。

聖道《しょうどう》の慈悲《じひ》というは、ものを憐《あわ》れみ愛《かな》しみ育《はぐく》むなり。しかれども、思《おも》うがごとく助《たす》け遂《と》ぐること、極《きわ》めてありがたし。

浄土《じょうど》の慈悲《じひ》というは、念仏《ねんぶつ》して

急《いそ》ぎ仏《ほとけ》になりて、大慈大悲心《だいじだいひしん》をもって思《おも》うがごとく衆生《しゅじょう》を利益《りやく》するをいうべきなり。今生《こんじょう》に、いかにいとおし不便《ふびん》と思《おも》うとも、存知《ぞんじ》のごとく助《たす》け難《がた》ければ、この慈悲始終《じひしじゅう》なし。しかれば念仏申《ねんぶつもう》すのみぞ、末徹《すえとお》りたる大慈悲心《だいじひしん》にて候《そうろう》べき、と云《うん》々《ぬん》。

意訳

慈悲《じひ》といっても、聖道仏教《しょうどうぶっきょう》*と浄土仏教《じょうどぶっきょう》*では違《ちが》いがある。

聖道仏教《しょうどうぶっきょう》の慈悲《じひ》とは、他人や一切のものを憐《あわ》れみ、いとおしみ、大切に守り育てることをいう。

しかしながら、どんなに努めても、思うように満足に助け切ることはほとんどありえないのである。

それに対して、浄土仏教《じょうどぶっきょう》で教える慈悲《じひ》とは、はやく弥陀《みだ》の本願《ほんがん》*に救われ念仏《ねんぶつ》する身となり、浄土《じょうど》で仏のさとり*を開き、大慈悲心《だいじひしん》を持って思う存分人々を救うことをいうのである。

この世で、かわいそう、なんとかしてやりたいと、どんなに哀《あわ》れんでも、心底から満足できるように助けることはできないから、聖道《しょうどう》の慈悲《じひ》は、いつも不満足のままで終わってしまう。

されば、弥陀《みだ》の本願《ほんがん》に救われ念仏《ねんぶつ》する身になることのみが、徹底《てってい》した大慈悲心《だいじひしん》なのである、
と聖人《しょうにん》は仰《おお》せになりました。

＊聖道仏教　天台、真言、禅宗など、自力で修行に励み、さとりを開こうとする仏教。
＊浄土仏教　阿弥陀仏の救いを説く仏教。
＊弥陀の本願　阿弥陀仏のお約束。誓願ともいう。
＊仏のさとり　五十二あるさとりの中の、最高のさとりのこと。

慈悲に聖道・浄土のかわりめあり。

聖道の慈悲というは、ものを憐れみ愛しみ育むなり。しかれども、思うがごとく助け遂ぐること、極めてありがたし。

浄土の慈悲というは、念仏して急ぎ仏になりて、大慈大悲心をもって思うがごとく衆生を利益するをいうべきなり。
今生に、いかにいとおし不便と
思うとも、存知のごとく助け難
ければ、この慈悲始終なし。し
かれば念仏申すのみぞ、末徹り
たる大慈悲心にて候べき、と云
々。

第五章 すべての人は父母兄弟

——真の孝行を示されたもの——

親鸞《しんらん》は父母《ふも》の孝養《こうよう》のためとて念《ねん》仏《ぶつ》、一返《いっぺん》にても申《もう》したることいまだ候《そうら》わず。

そのゆえは、一切《いっさい》の有情《うじょう》は皆《みな》もって世々《せせ》生々《しょうじょう》の父母《ふも》兄弟《きょうだい》なり。

いずれもいずれも、この順次生《じゅんじしょう》

に仏《ぶつ》に成《な》りて助《たす》け候《そうろう》べきなり。わが力《ちから》にて励《はげ》む善《ぜん》にても候《そうら》わばこそ、念仏《ねんぶつ》を廻向《えこう》して父母《ふも》をも助《たす》け候《そうら》わめ、ただ自力《じりき》をすてて急《いそ》ぎ浄土《じょうど》のさとりを開《ひら》きなば、六道四生《ろくどうししょう》のあいだ、いずれの業《ごう》苦《く》に沈《しず》めりとも、神通方便《じんずうほうべん》をもってまず有縁《うえん》を度《ど》すべきなり、と云々《うんぬん》。

意訳

親鸞《しんらん》は、亡き父母の追善供養《ついぜんくよう》のために、念仏一遍《ねんぶついっぺん》、いまだかつて称《とな》えたことはない。

なぜならば、忘れ得ぬ父母を憶《おも》うとき、すべての生きとし生けるもの、無限に繰《く》りかえす生死《しょうじ》のなかで、いつの世か、父母兄弟であったであろうと、懐《なつ》かしく偲《しの》ばれてくる。されば誰彼《だれかれ》を問わず、次の生《しょう》に、仏になって助けあわねばならないからである。

念仏《ねんぶつ》が自分で励《はげ》む善根《ぜんごん》*ならば、その功徳《くどく》をさしむけて、父母を救えるかも知れないが、念仏《ねんぶつ》は私の善根《ぜんごん》ではないからそれはできない。

ただ、はやく本願《ほんがん》を計《はか》ろう自力の心*を捨てて、浄土《じょうど》で仏のさとりを開けば、どんな六道《ろくどう》*・四生《ししょう》*の迷いの世界で、苦しみに沈《しず》んでいようとも、仏の方便力《ほうべんりき》*で縁《えん》の深い人々から救うことができよう、

と聖人《しょうにん》は仰《おお》せになりました。

＊善根　善い行い。

＊自力の心　弥陀の本願に対する疑いや計らい。

＊六道　苦しみの絶えない六つの世界。地獄・餓鬼・畜生・修羅・人間・天上界をいう。

＊四生　一切の生物のこと。

＊仏の方便力　仏が苦悩の人びとを、真実の幸福に導く力。

親鸞は父母の孝養のためとて念仏、一返にても申したることいまだ候わず。

そのゆえは、一切の有情は皆もって世々生々の父母兄弟なり。いずれもいずれも、この順次生に仏に成りて助け候べきなり。わが力にて励む善にても候わばこそ、念仏を廻向して父母をも

助け候わめ、ただ自力をすてて
急ぎ浄土のさとりを開きなば、
六道四生のあいだ、いずれの業
苦に沈めりとも、神通方便をも
ってまず有縁を度すべきなり、
と云々。

第六章

親鸞には弟子一人もなし

――すべて弥陀のお弟子――と言われたもの

専修念仏《せんじゅねんぶつ》の輩《ともがら》の、「わが弟子《でし》、ひとの弟子《でし》」という相論《そうろん》の候《そうろう》らんこと、もってのほかの子細《しさい》なり。

親鸞《しんらん》は弟子一人《でしいちにん》ももたず候《そうろう》。

そのゆえは、わが計《はか》らいにて人《ひと》

に念仏《ねんぶつ》を申《もう》させ候《そうら》わばこそ、弟子《でし》にても候《そうら》わめ、ひとえに弥《み》陀《だ》の御《おん》もよおしにあずかりて念仏《ねんぶつ》申《もう》し候人《そうろうひと》を、「わが弟子《でし》」と申《もう》すこと、極《きわ》めたる荒涼《こうりょう》のことなり。

つくべき縁《えん》あれば伴《ともな》い、離《はな》るべき縁《えん》あれば離《はな》るることのあるをも、「師《し》を背《そむ》きて人《ひと》につれて念《ねん》仏《ぶつ》すれば、往生《おうじょう》すべからざるものなり」なんどいうこと不可説《ふかせつ》なり。

如来《にょらい》より賜《たまわ》りたる信心《しんじん》を、わがもの顔《がお》に取《と》り返《かえ》さんと申《もう》すにや。かえすがえすも、あるべからざることなり。

自然《じねん》の理《ことわり》にあいかなわば、仏恩《ぶっとん》をも知《し》り、また師《し》の恩《おん》をも知《し》るべきなり、と云々《うんぬん》。

意訳

弥陀《みだ》*一仏を信じ、念仏《ねんぶつ》する人たちの中に、「私の弟子だ」「他人《ひと》の弟子だ」との争いがあるようだが、もってのほかのことである。

親鸞《しんらん》には、弟子など一人もいない。

そうではないか、私の裁量で仏法《ぶっぽう》を聞くようになり、念《ねん》仏称《ぶつとな》えるようになったのなら、我が弟子ともいえよう。

だが、まったく弥陀《みだ》のお力によって聞法《もんぼう》*し念仏《ねんぶつ》する人を、「わが弟子」と言うのは極めて傲慢不遜《ごうまんふそん》*である。

連《つ》れ添《そ》う縁《えん》あれば同行するが、離《はな》れる縁《えん》あれば別れねばならぬ。人の離合集散《りごうしゅうさん》は、入り組んだ因縁《いんねん》によるもの。

「師に背き、他人《ひと》に従い念仏《ねんぶつ》する者は、浄土《じょうど》へは往《ゆ》けない」などとは、決して言うべきことではない。

弥陀《みだ》より賜《たまわ》った信心を、自分が与《あた》えたかのように錯覚《さっかく》し、取り返そうとでもいうのだろうか。思《おも》い違《ちが》いも甚《はなは》だしい。
言語道断、あってはならないことだ。
真《まこと》の弥陀《みだ》の救いに遇《あ》えば、自《おの》ずと仏のご恩をも知り、師の恩も知られるものである、
と聖人《しょうにん》は仰《おお》せになりました。

*弥陀　阿弥陀仏のこと。
*聞法　仏法を聞くこと。
*傲慢不遜　思い上がって他人を見下すこと。

専修念仏の輩の、「わが弟子、ひとの弟子」という相論の候らんこと、もってのほかの子細なり。

親鸞は弟子一人ももたず候。

そのゆえは、わが許らいにて人に念仏を申させ候わばこそ、弟子にても候わめ、ひとえに弥陀の御もよおしにあずかりて念仏申し候人を、「わが弟子」と申すこと、極めたる荒涼のことなり。

つくべき縁あれば伴い、離るべ

き縁あれば離るることのあるをも、「師を背きて人につれて念仏すれば、往生すべからざるものなり」なんどいうこと不可説なり。

如来より賜りたる信心を、わがもの顔に取り返さんと申すにや。かえすがえすも、あるべからざることなり。

自然の理にあいかなわば、仏恩をも知り、また師の恩をも知るべきなり、と云々。

第七章
弥陀に救われた人、について言われたもの

念仏者《ねんぶつしゃ》は無碍《むげ》の一道《いちどう》なり。そのいわれ如何《いかん》とならば、信心《しんじん》の行者《ぎょうじゃ》には、天神《てんじん》・地祇《ちぎ》も敬伏《きょうぶく》し、魔界《まかい》・外道《げどう》も障碍《しょうげ》することなし。罪悪《ざいあく》も業報《ごうほう》を感《かん》ずることあたわず、諸善《しょぜん》も及《およ》ぶことなきゆえに、

無碍《むげ》の一道《いちどう》なり、と云々《うんぬん》。

意訳

弥陀《みだ》に救われ念仏《ねんぶつ》する者は、一切が障りにならぬ幸福者である。

なぜならば、弥陀《みだ》より信心を賜《たまわ》った者には、天地の神も敬って頭を下げ、悪魔《あくま》や外道《げどう》*の輩《やから》も妨《さまた》げることができなくなる。犯したどんな大罪も苦とはならず、いかに優れた善行《ぜんぎょう》の結果も及《およ》ばないから、絶対の幸福者*である、と聖人《しょうにん》は仰《おお》せになりました。

＊外道　仏教以外のすべての宗教。
＊絶対の幸福者　絶対に変わらぬ幸福になった人。

念仏者は無碍の一道なり。そのいわれ如何とならば、信心の行者には、天神・地祇も敬伏し、魔界・外道も障碍することなし。罪悪も業報を感ずることあたわず、諸善も及ぶことなきゆえに、無碍の一道なり、と云々。

第八章
他力の念仏、について言われたもの

念仏《ねんぶつ》は行者《ぎょうじゃ》のために非行《ひぎょう》・非善《ひぜん》なり。

わが計《はか》らいにて行《ぎょう》ずるにあらざれば非行《ひぎょう》という、わが計《はか》らいにてつくる善《ぜん》にもあらざれば非善《ひぜん》という。

ひとえに他力《たりき》にして自力《じりき》を離《はな》れ

たるゆえに、行者《ぎょうじゃ》のためには非《ひ》行《ぎょう》・非《ひ》善《ぜん》なり、と云々《うんぬん》。

意訳

称《とな》える念仏《ねんぶつ》は、弥陀《みだ》に救われた人には「行《ぎょう》」でもなければ「善」でもない。非行《ひぎょう》・非善《ひぜん》である。自分の思慮《しりょ》*で称《とな》える念仏《ねんぶつ》ではないから「行《ぎょう》」とは言えない。ゆえに非行《ひぎょう》という。また、自分の分別で称《とな》える念仏《ねんぶつ》ではないから「善」とは言えない。ゆえに非善《ひぜん》という。まったく弥陀《みだ》のお力で、私の計《はか》らい離《はな》れた念仏《ねんぶつ》だから、称《とな》える人には「行《ぎょう》」でもなければ「善」でもないのである、

と聖人《しょうにん》は仰《おお》せになりました。

＊思慮　考えや分別、計らいのこと。

念仏は行者のために非行・非善なり。

わが計らいにて行ずるにあらざれば非行という、わが計らいにてつくる善にもあらざれば非善という。

ひとえに他力にして自力を離れたるゆえに、行者のためには非行・非善なり、と云々。

第九章 念仏すれど喜べない

——唯円房の不審に答えられたもの——

「念仏《ねんぶつ》申《もう》し候《そうら》えども、踊躍歓喜《ゆやくかんぎ》の心《こころ》おろそかに候《そうろう》こと、また急《いそ》ぎ浄土《じょうど》へ参《まい》りたき心《こころ》の候《そうら》わぬは、いかにと候《そうろう》べきことにて候《そうろう》やらん」と申《もう》しいれて候《そうら》いしかば、

「親鸞《しんらん》もこの不審《ふしん》ありつるに、

唯円房《ゆいえんぼう》、同《おな》じ心《こころ》にてありけり。よくよく案《あん》じみれば、天《てん》におどり地《ち》におどるほどに喜《よろこ》ぶべきことを喜《よろこ》ばぬにて、いよいよ往生《おうじょう》は一定《いちじょう》と思《おも》いたまうべきなり。喜《よろこ》ぶべき心《こころ》を抑《おさ》えて喜《よろこ》ばせざるは、煩悩《ぼんのう》の所為《しょい》なり。しかるに仏《ぶつ》かねて知《し》ろしめして、煩悩具《ぼんのうぐ》足《そく》の凡夫《ぼんぶ》と仰《おお》せられたることとなれば、他力《たりき》の悲願《ひがん》は、かくのごときの我《われ》らがためなりけりと知《し》られて、いよいよ頼《たの》もしく覚《おぼ》ゆるなり。

また浄土《じょうど》へ急《いそ》ぎ参《まい》りたき心《こころ》のなくて、いささか所労《しょろう》のこともあれば、死《し》なんずるやらんと心細《こころぼそ》く覚《おぼ》ゆることも、煩悩《ぼんのう》の所為《しょい》なり。

久遠劫《くおんごう》より今《いま》まで流転《るてん》せる苦悩《くのう》の旧里《きゅうり》はすてがたく、いまだ生《う》まれざる安養《あんよう》の浄土《じょうど》は恋《こい》しからず候《そうろう》こと、まことによくよく煩《ぼん》悩《のう》の興盛《こうじょう》に候《そうろう》にこそ。

名残《なごり》惜《お》しく思《おも》えども、娑婆《しゃば》の縁《えん》つきて力《ちから》なくして終《お》わるときに、かの土《ど》へは参《まい》るべきなり。急《いそ》ぎ参《まい》りたき心《こころ》なき者《もの》を、ことに憐《あわ》れみたまうなり。これにつけてこそ、いよいよ大悲大願《だいひだいがん》は頼《たの》もしく、往生《おうじょう》は決定《けつじょう》と存《ぞん》じ候《そうら》え。踊躍歓喜《ゆやくかんぎ》の心《こころ》もあり、急《いそ》ぎ浄土《じょうど》へも参《まい》りたく候《そうら》わんには、煩悩《ぼんのう》のなきやらんと、あやしく候《そうら》いなまし」と云々《うんぬん》。

意訳

「私は念仏《ねんぶつ》を称《とな》えましても、天に踊《おど》り地に躍《おど》る歓喜《かんぎ》の心がありません。また、浄土《じょうど》へ早く往《ゆ》きたい心も起きません。これは、どういうわけでありましょう」と、率直にお尋《たず》ねしたところ、

「親鸞《しんらん》も同じ不審《ふしん》を懐《いだ》いていたが、唯円房《ゆいえんぼう》、そなたもか」と仰《おお》せられ、

「よくよく考えてみれば、助かる縁《えん》なき者が助けられた不可思議は、天に踊《おど》り地に躍《おど》るほど喜んで当然なのだ。それを喜ばぬ者だからこそ、〝往生《おうじょう》*間違いなし〟と明らかに知らされるではないか。

喜んで当たり前のことを喜ばせないのは、煩悩《ぼんのう》*のしわざ。弥陀《みだ》*は、とっくの昔から私たちを『煩悩《ぼんのう》の塊《かたまり》』とお見抜《みぬ》きになっている。弥陀《みだ》の本願《ほんがん》は、このような痺《しび》れきった私たちのためだったと知られて、いよいよ頼《たの》もしく思えるのだ。

また、浄土《じょうど》へ急いで往《ゆ》きたい心もなく、ちょっとした病気にでもかかると、〝死ぬのではなかろうか〟と心細く思えてくる。これも煩悩《ぼんのう》のしわざである。

果てしない過去*から今日《こんにち》まで、生まれ変わり死に変わりしてきた世界は、すべて苦悩《くのう》に充《み》ちた難所だったが、故郷《ふるさと》のごとく棄《す》て難《がた》く、明らかな弥陀《みだ》の浄土《じょうど》は少しも恋《こい》しく思えない。いよいよもって、煩悩《ぼんのう》のいかに強く激しいかが知らされる。

しかし、どんなに名残惜《なごりお》しく思えども、この世の縁《えん》つき生きる力を失えば、弥陀《みだ》の浄土《じょうど》へ参るのだ。

浄土《じょうど》へ急ぐ心のなき者を、なおさら弥陀《みだ》は、いとおしく憐《あわ》れみ下さるのである。

こんな浅ましい身を照らされるほど、弥陀《みだ》の大願《だいがん》*は頼《たの》もしく〝往生間違《おうじょうまちが》いなし〟と知らされるのだ。大歓喜《だいかんぎ》が湧《わ》きあがり、浄土《じょうど》へ急ぐ心があれば、煩悩《ぼんのう》のなき私は本願《ほんがん》に漏《も》れているのではないかと、却《かえ》って按《あん》ぜられるのではなかろうか」

と聖人《しょうにん》は仰《おお》せになりました。

＊往生　浄土へ往くこと。
＊煩悩　欲や怒り、ねたみそねみなど、私たちを煩わせ悩ませるもの。
＊弥陀　阿弥陀仏のこと。
＊果てしない過去　この肉体が生まれる前の、気の遠くなる昔。
＊弥陀の大願　阿弥陀仏の本願のこと。

「念仏申し候えども、踊躍歓喜の心おろそかに候こと、また急ぎ浄土へ参りたき心の候わぬは、いかにと候べきことにて候やらん」と申しいれて候いしかば、「親鸞もこの不審ありつるに、唯円房、同じ心にてありけり。よくよく案じみれば、天におどり地におどるほどに喜ぶべきことを喜ばぬにて、いよいよ往生は一定と思いたまうべきなり。喜ぶべき心を抑えて喜ばせざるは、煩悩の所為なり。しかるに仏かねて知ろしめして、煩悩具足の凡夫と仰せられたることなれば、他力の悲願は、かくのごときの我らがためなりけりと知られて、いよいよ頼もしく覚ゆるなり。

また浄土へ急ぎ参りたき心のなくて、いささか所労のこともあれば、死なんずるやらんと心細く覚ゆることも、煩悩の所為なり。

久遠劫より今まで流転せる苦悩の旧里はすてがたく、いまだ生まれざる安養の浄土は恋しからず候こと、まことによくよく煩悩の興盛に候にこそ。名残惜しく思えども、娑婆の縁つきて力なくして終わるときに、かの土へは参るべきなり。急ぎ参りたき心なき者を、ことに憐れみたまうなり。

これにつけてこそ、いよいよ大悲大願は頼もしく、往生は決定と存じ候え。

踊躍歓喜の心もあり、急ぎ浄土へも参りたく候わんには、煩悩のなきやらんと、あやしく候いなまし」と云々。

第十章

他力不思議の念仏、を言われたもの

念仏《ねんぶつ》には無義《むぎ》をもって義《ぎ》とす、不可称《ふかしょう》・不可説《ふかせつ》・不可思議《ふかしぎ》のゆえに、と仰《おお》せ候《そうら》いき。

意訳

念仏《ねんぶつ》には、計《はか》らい無きことを謂《いわ》れとする。自力の計《はか》らい尽《つ》きた、他力不思議《たりきふしぎ》の念仏《ねんぶつ》*は、言うことも説くことも、想像すらもできない、人智《じんち》を超《こ》えたものだから、と聖人《しょうにん》は仰《おお》せになりました。

*他力不思議の念仏　阿弥陀仏のお力で称えさせられる念仏。

念仏には無義をもって義とす、不可称・不可説・不可思議のゆえに、と仰せ候いき。

名文を名筆で楽しむ

木《き》村《むら》泰《たい》山《ざん》師

昭和16年、広島県生まれ。法政大学卒業。書家。日本書道振興協会常務理事、招待作家（実用細字部達人・かな部達人・詩書部達人。「達人」は、書道指導者の最高位）。日本ペン習字研究会常任理事、全日本ペン書道展審査員。元・読売書法展評議員。

序

ひそかに愚案を廻らしてほゞ古今を
勘ふるに先師の口伝の真信に異なる
ことを歎き後学相続の疑惑あること
を思ふに幸ひに有縁の知識によらずば
いかでか易行の一門に入ることを得んや
まつたく自見の覚悟をもつて他力の宗旨
を乱ることなかれ
よつて故親鸞聖人の御物語の趣耳の底に
留むる所いさゝかこれを注す ひとへに
同心行者の不審を散ぜんがためなり

第一章

弥陀の誓願不思議に助けられまいらせて
往生をば遂ぐるなりと信じて念仏申さん
と思いたつ心のおこるとき すなわち摂取不捨
の利益にあずけしめたまうなり
弥陀の本願には老少善悪の人をえらばず
ただ信心を要とすと知るべし
そのゆえは罪悪深重煩悩熾盛の衆生を
助けんがための願にてまします
しかれば本願を信ぜんには他の善も
要にあらず念仏にまさるべき善なきが
ゆえに悪をもおそるべからず 弥陀の
本願をさまたぐるほどの悪なきがゆえに
と云々

第二章

おのおの十余ヶ国の境を越えて身命をも顧みずして訪ね来らしめたまう御志ひとえに往生極楽の道を問い聞かんがためなり

しかるに念仏よりほかに往生の道をも存知しまた法文等をも知りたるらんと心にくく思し召しておわしましてはんべらば大きなる誤りなり

もししからば南都北嶺にもゆゆしき学匠たち多く座せられて候うなればかの人々にもあいたてまつりて往生の要よくよく聞かるべきなり

親鸞におきてはただ念仏して弥陀に助け
られまいらすべしとよき人の仰せを被り
て信ずるほかに別の子細なきなり
念仏はまことに浄土に生まるるたねにてや
はんべるらん
また地獄に堕つる業にてやはんべるらん
総じてもって存知せざるなりたとひ法然聖人
にすかされまいらせて念仏して地獄に堕ち
たりともさらに後悔すべからず候
そのゆゑは自余の行を励みて仏になるべか
りける身が念仏を申して地獄にも堕ちて
候はばこそすかされたてまつりてといふ
後悔も候はめいづれの行も及び難き身
なればとても地獄は一定すみかぞかし

弥陀の本願まことにおわしまさば釈尊の説教
虚言なるべからず仏説まことにおわしまさば
善導の御釈虚言したまうべからず善導の御釈
まことならば法然の仰せそらごとならんや法然の
仰せまことならば親鸞が申す旨またもってむなし
かるべからず候か詮ずるところ愚身が信心におき
てはかくのごとしこのうえは念仏をとりて信
じたてまつらんともまたすてんとも面々の
御計らいなりと云々

第三章

善人なおもって往生を遂ぐいわんや悪人をや
しかるを世の人つねにいわく悪人なお往生す

いかにいわんや善人をや この条一旦そのいわれ
あるに似たれども本願他力の意趣に背けり
そのゆえは自力作善の人はひとえに他力を
たのむ心欠けたる間弥陀の本願にあらず
しかれども自力の心をひるがえして他力を
たのみたてまつれば真実報土の往生を遂
ぐるなり
煩悩具足の我らはいずれの行にても生死を
離るることあるべからざるを憐れみたまいて
願をおこしたまう本意悪人成仏のため
なれば他力をたのみたてまつる悪人もっと
も往生の正因なり
よって善人だにこそ往生すれまして悪人は
と仰せ候いき

第四章

慈悲に聖道浄土のかわりめあり
聖道の慈悲というはものを憐れみ愛しみ
育むなりしかれども思うがごとく助け
遂ぐること極めてありがたし
浄土の慈悲というは念仏して急ぎ仏に
なりて大慈大悲心をもって思うがごとく
衆生を利益するをいうべきなり
今生にいかにいとおし不便と思うとも
存知のごとく助け難ければこの慈悲
始終なししかれば念仏申すのみぞ
末徹りたる大慈悲心にて候うべきと云々

第五章

親鸞は父母の孝養のためとて念仏
一返にても申したることいまだ候はず
そのゆゑは一切の有情は皆もつて世々
生々の父母兄弟なりいづれもいづれも
この順次生に仏に成りて助け候べきなり
わが力にて励む善にても候はばこそ念仏
を廻向して父母をも助け候はめただ自力
をすてて急ぎ浄土のさとりを開きなば
六道四生のあいだいづれの業苦に沈めり
とも神通方便をもつてまず有縁を度す
べきなりと云々

第六章

専修念仏の輩のわが弟子ひとの弟子という相論の候らんこともってのほかの子細なり

親鸞は弟子一人ももたず候

そのゆえはわが計らいにて人に念仏を申させ候わばこそ弟子にても候わめひとえに弥陀の御もよおしにあずかって念仏申し候人をわが弟子と申すこと極めたる荒涼のことなり

つくべき縁あれば伴い離るべき縁あれば離るることのあるをも師を背きて人につれて念仏すれば往生すべからざるものなりなんどいうこと不可説なり

如来より賜りたる信心をわがもの顔に取り返
さんと申すにや かへすがへすもあるべからざる
ことなり 自然の理にあひかなはば仏恩をも知
り また師の恩をも知るべきなり と云々

第七章

念仏者は無碍の一道なり そのいはれ
如何とならば信心の行者には天神地祇
も敬伏し 魔界外道も障碍することなし
罪悪も業報を感ずることあたはず
諸善も及ぶことなきゆゑに 無碍の一道
なり と云々

第八章

念仏は行者のために非行非善なり
わが計らいにて行ずるにあらざれば非行
という　わが計らいにてつくる善にもあら
ざれば非善という
ひとえに他力にして自力を離れたる
ゆえに行者のためには非行非善なり
と云々

第九章

念仏申し候えども踊躍歓喜の心おろそかに
候ことまた急ぎ浄土へ参りたき心の候わぬ
はいかにと候べきことにて候やらんと申し

いれて候いしかば親鸞もこの不審ありつるに
唯円房同じ心にてありけり よくよく案じ
みれば天におどり地におどるほどに喜ぶべき
ことを喜ばぬにていよいよ往生は一定と思い
たまうべきなり
喜ぶべき心を抑えて喜ばせざるは煩悩の
所為なり しかるに仏かねて知ろしめして
煩悩具足の凡夫と仰せられたることなれば
他力の悲願はかくのごときの我らがためなり
けりと知られていよいよ頼もしく覚ゆるなり
また浄土へ急ぎ参りたき心のなくていささか
所労のこともあれば死なんずるやらんと心細く
覚ゆることも煩悩の所為なり
久遠劫より今まで流転せる苦悩の旧里はすて

がたく、まだ生まれざる安養の浄土は恋し
からず候こと、まことによくよく煩悩の興盛に
候にこそ
名残惜しく思えども娑婆の縁つきて力なくして
終わるときにかの土へは参るべきなり　急ぎ
参りたき心なき者をことに憐れみたまうなり
これにつけてこそいよいよ大悲大願は頼もしく
往生は決定と存じ候え
踊躍歓喜の心もあり急ぎ浄土へも参り
たく候わんには煩悩のなきやらんとあや
しく候いなまし　と云々

第十章

念仏には無義をもて義とす
不可称 不可説 不可思議のゆゑに
と仰せ候ひき

〈著者〉

高森 顕徹（たかもり　けんてつ）

昭和4年、富山県生まれ。
龍谷大学卒業。
日本各地や海外で講演、執筆など。
著書『光に向かって100の花束』
『光に向かって123のこころのタネ』
『光に向かって心地よい果実』
『なぜ生きる』（監修）
『歎異抄をひらく』
『歎異抄ってなんだろう』（監修）
『親鸞聖人の花びら』
『なぜ生きる2』など多数。

手書きでなぞる『歎異抄』

平成三十一年（二〇一九）三月十八日　第一刷発行
令和四年（二〇二二）　七月　一日　第二刷発行

著　者　高森顕徹
発行所　株式会社　1万年堂出版
〒一〇一-〇〇五二
東京都千代田区神田小川町二-四-二〇-五階
電　話　〇三-三五一八-二一二六
ＦＡＸ　〇三-三五一八-二一二七
https://www.10000nen.com/

印刷所　凸版印刷株式会社

ISBN978-4-86626-045-7　C0095